Liebe Eltern,

jedes Kind ist anders. Darum muss sich die konzeptionelle Entwicklung von Lesetexten für Kinder unbedingt an den besonderen Lernentwicklungen des einzelnen Kindes orientieren. Wir haben deshalb für unser Bücherbär-Erstleseprogramm 5 Lesestufen entwickelt, die aufeinander aufbauen. Sie entsprechen den Fähigkeiten, die notwendig sind, um das Buch zu (er-)lesen und zu verstehen. Allein das Schuljahr eines Kindes kann darüber nur wenig aussagen.
Welche Bücher für Ihr Kind geeignet sind, sehen Sie in der Übersicht auf der Buchrückseite.
Unser Erstleseprogramm holt die unterschiedlich entwickelten Kinder dort ab, wo sie sind. So gewinnen sie Lesespaß von Anfang an – hoffentlich ein Leben lang.

Prof. Dr. Peter Conrady
*Hochschullehrer an der Universität Dortmund
und Erfinder des Leselern-Stufenkonzepts*

Dieses Buch gehört:

_____

Für Philipp und Maxi

In neuer Rechtschreibung
***
2. Auflage 2007
© Arena Verlag GmbH, Würzburg 2006
Alle Rechte vorbehalten
Einband- und Innenillustrationen von Wolfgang Slawski
Gesamtherstellung: Westermann Druck Zwickau GmbH
ISBN 978-3-401-08919-5

www.arena-verlag.de

Sabine Kalwitzki / Wolfgang Slawski

Kleiner Indianer, großer Mut

Arena

„Sapperlot, was ist denn das?"

Häuptling Brummbär traut seinen

kaum: Ein aufgeregtes

flattert mitten durch sein .

Kleiner Hase und Goldener Stern

stürzen ins und jagen das .

Dabei fliegen die .

„Du entkommst uns nicht,

du wilder, großer !", ruft .

Endlich erwischt  das .

„Ich habe den erlegt!",

verkündet er stolz und hält das

 vor die 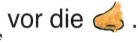 .

„Sieh dir nur diesen gefährlichen an!

Er wollte dich gerade angreifen.

Gut, dass wir dich gerettet haben!"

 und sind nämlich sehr mutig

und sehr geschickt und sehr klug!

„So, so, da habt ihr mich also vor diesem

gefährlichen gerettet!

Einem mit !", lacht .

„Ihr seid wohl wirklich sehr mutig?"

 und nicken kräftig.

„Ich bin mutig wie ein !", sagt .

„Und ich bin mutig wie ein !",

behauptet .

Irgendwie stimmt das ja auch.

Manchmal.

findet, dass echte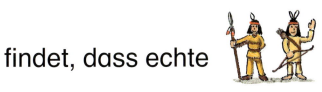

beweisen müssen, wie klug

und mutig sie sind.

Am und in der  .

„Was macht ihr, wenn ihr einer

begegnet?", fragt nachdenklich.

„Ach, die braten wir einfach!", sagt .

Ist doch wohl klar, dass sie sich vor einer

lächerlichen nicht fürchten!

„Und wenn eine  kommt?",

will wissen.

Eine ? Na ja!

Also das wäre etwas anderes!

Und dann schickt

die beiden kleinen fort.

Für einen 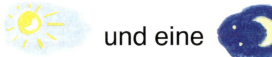 und eine .

„Übernachtet im , und findet

einen !", fordert er.

Er legt beiden eine um

aus den  eines mutigen .

„ und mögen euch beschützen!",

sagt  feierlich.

jagen ist toll.

 und nehmen und ,

legen bunte auf ihre

und winken ihren 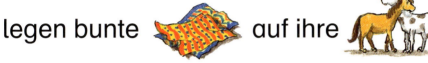 zu.

Dann reiten sie los, um zu suchen.

Echte, große . Ohne !

„Wie gut, dass wir so mutig sind, oder?",

fragt . „Ja, genau!", haucht .

Es ist schön, durch das hohe

und den kühlen zu reiten.

 und folgen den

bis zur mit den roten .

Weiter sind sie noch nie geritten.

Hinter den  geht die  unter.

Es wird dunkel, die funkeln,

und der geht auf.

Irgendwo heult ein .

 jagen ist ja so aufregend!

 sieht sich ängstlich

im dunklen um.

„Wo sind denn nun die ?"

Aber  weiß es auch nicht.

Die beiden kleinen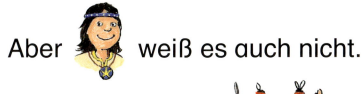

haben sich verirrt.

Mitten im und mitten in der .

 jagen ist gar nicht lustig.

 fühlt sich mulmig.

Es ist so dunkel!

Hier im gibt es bestimmt

 und .

Die mag er gar nicht!

 schüttelt sich.

Hoffentlich krabbelt ihm

keine  in die  !

„Wir brauchen ein !",

sagt entschlossen. Bald flackert

ein warmes . Darin braten sie

köstliche . In der

ist es im  für mutige

eigentlich völlig ungefährlich!

Da sind sich und einig!

Nur die dicke  da oben im

ist gruselig. Die guckt so frech!

 sammelt  und .

Daraus baut er ein großes, weiches .

Weit genug weg vom

mit der dicken .

 gähnt:

„Wie gut, dass wir sind.

Und so klug und mutig!"

Und schon ist er auf seinem

eingeschlafen und schnarcht leise.

Schnarcht , oder brummt es da?

 spitzt die .

Sein klopft aufgeregt.

Dann knackt es im .

„Hilfe, ein !", schreit

und rüttelt  wach.

Flink wie ein  klettern

die 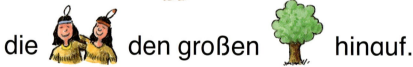 den großen hinauf.

Die arme fällt erschrocken herunter.

„Wo ist der  ?", flüstert .

Ein knackt. Die  rauschen.

Der pfeift.

„Da, jetzt pfeift der sogar!",

haucht  zittrig.

Da muss  lachen:

„Ein , der pfeift? Ist ja toll!

Komm, wir pfeifen mit!"

Und so pfeifen die beiden,

bis die aufgeht.

Pfeifen macht nämlich mutig.

Aber auch sehr hungrig.

und  spitzen die .

Es brummt nicht hinter den !

Es pfeift nicht zwischen den !

Es knackt nicht in den !

So wagen sie es schließlich,

den hinunterzurutschen.

Sie naschen rote, süße .

Bis  die

eines jungen entdeckt.

Der kleine grast friedlich

auf einer  .

Leise und geschickt wie eine ,

schleichen sich die an.

„Was machen wir denn jetzt

mit dem  ?", flüstert .

„Fangen natürlich!", sagt .

„Wie denn?", will wissen.

„Weiß auch nicht!", murmelt .

Die beiden  hocken im

und denken lieber noch einmal nach.

Nachdenken ist immer gut!

„Du könntest ihn bei den

packen!", schlägt vor

und versteckt sich hinter einem .

„Oder du fesselst ihn einfach

mit einem !", meint

und versteckt sich hinter .

Die beiden  merken nicht,

dass der kleine sich neugierig nähert.

Plötzlich steht er hinter und

 und muht.

 rutscht das in die .

Fangen, fesseln, bei den packen?

Niemals! Hilfe! Nichts wie weg hier!

Schnell wie der  laufen die

zu ihren  und galoppieren davon.

Der  findet das sehr spannend.

Aufgeregt trabt er hinterher.

Der kleine ist flink.

Er folgt den

über die und durch den .

Schneller als die

jagen und

über und .

Sie japsen und keuchen.

Endlich merken sie, dass der

kleine  langsamer wird.

Der kleine 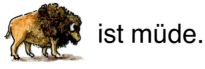 ist müde.

Nein, nun will er nicht mehr hinter den

herlaufen! Da bleibt er lieber an der

mit den roten stehen und trinkt.

Eine  mit roten  ?

 und  jubeln. Diese

kennen sie doch! Von hier aus

finden sie leicht ins  zurück.

Der große  leuchtet hell,

als  und

endlich im ankommen.

Sie werden fröhlich empfangen.

 und die anderen

haben sie schon gespannt erwartet.

Immer wieder erzählen die

am flackernden

von dem wilden, kleinen .

Und alle lachen über den

pfeifenden im dunklen  .

lobt die beiden .

„Ihr habt mutig im  geschlafen

und klug die  eines gefunden."

Er steckt ihnen prächtige bunte

ins leuchtend schwarze .

Und dann singen und tanzen

alle  und danken dafür,

dass und  die beiden

so gut beschützt haben.

Die Wörter zu den Bildern

Häuptling Büffel
Brummbär

Augen Nase

Huhn Wolf

Tipi Adler

Kleiner Hase Indianer

Goldener Stern Tag

Federn Nacht

Klapperschlange		Pfeil	
		Bogen	
Spinne		Decken	
Wald		Ponys	
Kette		Freunde	
Zähne		Gras	
Bär		Wolken	
Sonne		Quelle	
Mond		Blumen	

Berge		Blätter	
Sterne		Moos	
Käfer		Bett	
Schnecken		Ohren	
Ameise		Herz	
Hose		Gebüsch	
Feuer		Eichhörnchen	
Äpfel		Ast	
Baum		Wind	

Baumstamm		Steine	
Beeren		Baumstämme	
Spuren		Indianerlager	
Wiese		Haar	
Katze			
Hörner			
Felsen			
Seil			
Blitz			

ISBN 978-3-401-09230-0

ISBN 978-3-401-09219-5

ISBN 978-3-401-09153-2

Eine Auswahl lieferbarer Titel:

Maja von Vogel Die kleine Elfe und das Vollmondfest
Ingrid Kellner Victor, der mutige Vampir
Norbert Landa Der kleine Bär kommt in die Schule
Sarah Bosse Der kleine Bär lernt lesen
Barbara Zoschke Ferdinand, der kleine Feuerwehrmann
Sarah Bosse Gruseldis, das kleine Gespenst
Sarah Bosse Abenteuer mit Igel, Maus und Fuchs
Sarah Bosse Der kleine Pirat und die geheimnisvolle Schatzinsel
Ingrid Kellner Potz Blitz, Hexe Pauline!
Insa Bauer Ein toller Schultag
Ingrid Kellner Marie in der Zauberschule
Sarah Bosse Nur Mut kleines Pony
Maria Seidemann Erik und die kleine Nixe
Leoni Lang Hurra, Wir haben einen Drachen
Maria Seidemann Ritter Robin und der Drachenschatz
Maja von Vogel Das Geheimnis der Zahnfee

Jeder Band:
Ab 5 Jahren. 56 Seiten.
Gebunden.
Mit Bücherbär am Lesebändchen.

www.arena-verlag.de